Mohammad Hossein Javadi

Village - Cadeia de cooperativas e desenvolvimento sustentável

Mohammad Hossein Javadi

Village - Cadeia de cooperativas e desenvolvimento sustentável

ScienciaScripts

Imprint

Any brand names and product names mentioned in this book are subject to trademark, brand or patent protection and are trademarks or registered trademarks of their respective holders. The use of brand names, product names, common names, trade names, product descriptions etc. even without a particular marking in this work is in no way to be construed to mean that such names may be regarded as unrestricted in respect of trademark and brand protection legislation and could thus be used by anyone.

Cover image: www.ingimage.com

This book is a translation from the original published under ISBN 978-620-2-02412-9.

Publisher:
Sciencia Scripts
is a trademark of
Dodo Books Indian Ocean Ltd. and OmniScriptum S.R.L publishing group

120 High Road, East Finchley, London, N2 9ED, United Kingdom
Str. Armeneasca 28/1, office 1, Chisinau MD-2012, Republic of Moldova, Europe
Printed at: see last page
ISBN: 978-620-7-75182-2

Resumo

Cadeia aldeia-cooperativa: uma abordagem para a redução da pobreza e o desenvolvimento sustentável

A crescente complexidade das comunidades rurais, resultante das alterações ambientais, demográficas, produtivas e de estilos de vida, exige atualmente um conhecimento mais aprofundado destas comunidades, de forma a combater a pobreza e alcançar um desenvolvimento sustentável. Com base nas suas experiências e observações, o autor considera que as comunidades rurais têm assistido recentemente à erosão das suas estruturas e valores socioeconómicos rurais tradicionais, descarrilando a natureza através do uso de tecnologias inadequadas, do uso de insumos nocivos, da sobre-exploração dos recursos naturais e da falta de uma agenda de desenvolvimento que responda às necessidades das comunidades rurais.

Ao analisar a literatura das últimas décadas, é evidente que a participação pública e a atribuição de poderes aos cidadãos para colocar as pessoas no centro dos esforços de desenvolvimento sustentável desempenham um papel fundamental nos esforços bem sucedidos. A necessidade inevitável de uma mudança de paradigma nas audiências dos planos de desenvolvimento levou-nos a utilizar as mais recentes abordagens consultivas, centradas na redução da pobreza cultural e económica

A cooperativa de aldeia é um modelo pluralista que concretizaria 8 prioridades através da integração das potencialidades das comunidades rurais, nomeadamente: 1) utilização adequada dos recursos, potencialidades e oportunidades em áreas como a terra e a água; 2) utilização eficaz da gestão cooperativa para promover a economia rural e o desenvolvimento sustentável; 3) redução da taxa de emigração rural, ao mesmo tempo que se estabelece uma relação equilibrada e produtiva entre as zonas urbanas e rurais; 4) desenvolvimento de estratégias cooperativas para promover a compreensão cultural das zonas rurais; 5) criação de cooperativas de aldeia nas aldeias e contribuição para uma relação cidade-aldeia regulamentada; 6) promoção do investimento e dos recursos humanos na utilização dos recursos naturais para o desenvolvimento rural; 7) garantia do bem-estar psicológico dos residentes rurais, ajudando-os a encarar a emigração como algo menos valioso; e 8) contribuição para a proteção do ambiente rural.

No entanto, para dar um passo corajoso no sentido do desenvolvimento rural sustentável e da redução da pobreza, é necessário identificar com precisão os factores que contribuem para as estruturas rurais existentes. Evidentemente, a mudança tem de ocorrer primeiro nos "olhos de quem vê" - a população rural - e depois ocorrer espontaneamente num contexto coletivo. As abordagens estratégicas de extensão adoptadas pela Village-Coop incluem o planeamento participativo, os sistemas integrados com enfoque nos aspectos morais e humanos, a extensão multimédia e as abordagens de resolução de problemas, todas elas informadas por uma compreensão centrada nas partes interessadas.

A Village-Coop tem por objetivo colmatar o fosso entre as condições de vida nas zonas rurais, realçando os aspectos cruciais da vida rural através de estratégias participativas.

Metodologia: descritiva e analítica.

Palavras-chave: comunidade rural; cooperação; redução da pobreza; alargamento; desenvolvimento sustentável

O início

- As mudanças na estrutura e na vida social da aldeia e dos aldeões são apresentadas apenas através de um novo olhar para objectivos claros. O objetivo do autor é uma visão estratégica para o desenvolvimento de cooperativas empresariais através da implementação da cadeia aldeia-cooperativa, fornecendo uma estratégia para desenvolver a agricultura e as indústrias relacionadas sob a forma de um plano nacional, contribuindo para a formação ou reconstrução de cooperativas existentes e transformando-as em cooperativas rurais activas e autogeridas pelos aldeões e através da cooperação de licenciados em agricultura com a oferta de formação contínua para formar a cadeia conhecida como aldeia-cooperativa se possível.
- A experiência do autor sugere que, nas comunidades rurais recentes, o uso indiscriminado de tecnologias impróprias, independentemente da infraestrutura necessária e do uso de insumos nocivos, o desperdício e o desperdício na exploração dos recursos naturais e a falta de atenção

suficiente à capacidade e à necessidade de um plano eficiente e de acordo com as condições dos moradores sempre causam o desequilíbrio da natureza e o colapso das estruturas sociais e dos antigos sistemas de valores nessas comunidades.Portanto, tal movimento no nível nacional e macro porque os interesses colectivos e direitos colectivos e territoriais como uma responsabilidade dos governos.Tal gestão é chamado de gestão de recreação de desenvolvimento no campo do desenvolvimento rural.E no nível estadual, uma mudança significativa nos sistemas económicos, sociais e físicos e institucionais, no nível ativo, incluindo a área rural, é necessário aumentar a eficácia, eficiência, poder de correspondência e a capacidade de renovação e inovação e empreendedorismo combinados pela equidade e sustentabilidade.Tais expectativas de recuperação do desenvolvimento rural, a nível macro decisões, mudanças nos objectivos, motivações, responsabilidades, estrutura de poder e cultura são principalmente exigidas pelos governos como uma necessidade inevitável de ser capaz de cumprir o seu dever através da gestão, que tem a capacidade de se adaptar a desafios imprevisíveis no desenvolvimento rural.Por outro lado, preencher a lacuna entre o conhecimento rural e académico é possível através do desenvolvimento dos promotores de cooperativas nas aldeias e solo fértil e fornecer novos métodos será através da cooperação.

- A abordagem dos aspectos da vida social nas aldeias é uma das questões abordadas pelo projeto. A comunidade rural está afastada da participação e das empresas devido ao desenvolvimento das comunidades rurais e aos problemas resultantes das mudanças históricas, razão pela qual a cadeia de cooperativas de aldeia realça estas lacunas com várias acções humanas nas zonas rurais.

Avançar

- O tentou aplicar vários métodos na condução do debate sobre a cooperativa da aldeia devido à sua cooperação estreita com os vários sectores rurais durante as últimas três décadas e à ideia da participação e cooperação dos aldeões.A maior riqueza do documento é o alívio da pobreza com a ajuda da gestão empresarial das cooperativas de aldeia, a chegada de novas tecnologias tirando partido das características da promoção estratégica, incluindo a abordagem de planeamento participativo, a abordagem de sistemas integrados, considerando as dimensões moral e humana, a promoção multimédia e economicamente acessível, A abordagem de resolução de problemas e, em especial, as abordagens orientadas para a procura e baseadas nas partes interessadas, bem como o preenchimento da lacuna entre o conhecimento rural e o conhecimento académico, são também possíveis através da utilização de promotores de cooperativas nas zonas rurais e do desenvolvimento do conhecimento indígena, o que proporciona um terreno fértil para inovar e apresentar novas abordagens ao desenvolvimento rural através da cooperação.De acordo com a Organização para a Cooperação e o Desenvolvimento Económico (OCDE), a cooperação a nível das aldeias, numa perspetiva científica e com provas de sucesso no desenvolvimento rural, lidera os países que podem ser muito bem sucedidos em termos de desenvolvimento com dados e gestão dos aldeões. Dado o número de pessoas que vivem nas zonas rurais, a aldeia - coop niahc detcennocdiscreto anel de população produtiva e eficiente e tal dinâmica social foi criada pela reunião de aldeões grande força, cujo impacto pode ser quantitativo e qualitativo nas cidades. A chegada da gestão cooperativa, que é o efeito da cadeia, orientou sem dúvida a cooperação com os comportamentos dos aldeões sob a forma de gestão da produção e de gestão dos rendimentos para evitar os problemas mais devastadores, que são a pobreza e a migração. A experiência dos países desenvolvidos mostra que a capacitação das populações rurais com um desenvolvimento global e a expansão da produção e a melhoria dos rendimentos trazem efeitos económicos positivos para as cidades (OCDE)2.

Introdução

- Inicialmente, procurou-se aprofundar os resultados da investigação qualitativa e utilizar a classificação das zonas rurais em termos de comodidades e rendimentos como método de investigação dos sistemas sociais, ecológicos, económicos e culturais, com base em dados históricos, descritivos e experimentais. O Professor sueco Gunnar , laureado com o Prémio Nobel da Economia em 1974 e autor do livro "Asian Drama, An Inquiry Into The Poverty of Nations", defendeu que as reformas institucionais contribuem para a promoção da igualdade e para a redução da pobreza global e reconheceu a mudança institucional como um verdadeiro fator de desenvolvimento sustentável.

- A investigação qualitativa leva ao desenvolvimento do entendimento e da compreensão numa perspetiva global e visa aproximar os investigadores da realidade social e da interação social. Por outro lado, tendo em conta os diferentes paradigmas e abordagens dos padrões de desenvolvimento e sustentabilidade, as três áreas do ambiente, sustentabilidade económica e aceitação social são introduzidas como dimensões inseparáveis dos objectivos de sustentabilidade a longo prazo.

Metodologia de investigação

- A metodologia aplicada baseia-se em dados de investigação históricos, descritivos e experimentais.Oito eixos de investigação devem tirar partido da construção de um trabalho institucional pluralista no domínio da investigação, da participação de outros e da institucionalização da participação em vários aspectos e na prática, e na prática, o desenvolvimento da cooperação e dos laços mútuos num sistema pluralista é a divisão do trabalho no domínio da ciência e da tecnologia e o estabelecimento de ligações entre activistas.Por outro lado, a capacidade administrativa da "cadeia de cooperativas de aldeia", que desempenha um papel eficaz e eficiente dos institutos de investigação agrícola no processo de desenvolvimento sustentável, com o enquadramento nacional, é uma instituição adequada para atingir objectivos directos ou indirectos, como a redução da pobreza, o aumento da produtividade agrícola, a conservação e a gestão integrada dos recursos e do ambiente, e a capacitação dos grupos menos favorecidos. São aqui introduzidos oito eixos para atingir determinados objectivos e responder à necessidade de um desenvolvimento rural sustentável em sentido lato.

Foco I: Formação de uma cadeia de cooperativas de aldeia

A formação de cadeias está relacionada com os talentos e potenciais na aldeia e entre os aldeões. Em aspectos mais gerais, a utilização óptima dos recursos disponíveis para os aldeões é muito importante, de acordo com a experiência histórica que o mundo segue atualmente. Os aldeões gerem a utilização dos talentos e do potencial em áreas como a terra, a água e o clima para obterem benefícios de desenvolvimento sustentável.

Na exploração mineira, os recursos subterrâneos como a pedra, a areia para o vidro, o minério de ferro, o carvão, o petróleo e todos eles têm um potencial de gestão que muitos países desenvolvidos aproveitaram. Ao discutir a gestão da água para beber e para outros fins, como a irrigação de terras agrícolas, as pisciculturas, os geradores de eletricidade, há outras questões de recursos humanos que poderiam ter uma utilização óptima destes bens e fontes, criando um quadro sob a forma de uma cadeia de cooperativas de aldeia. Os resultados do ponto focal 1 institucionalizaram os talentos e a disseminação da cultura cooperativa com a ajuda de promotores de cooperativas de aldeia como um padrão regular de comportamento para organizar e corrigir as necessidades básicas da comunidade rural

What is Village – Coop Chain?

- Changes in the structure and social life of the village and the villagers are only presented by new look for clear purpose.

- Strategic vision toward the development of entrepreneurial cooperatives by implementation of village – coop.

- Development of rural communities and issues arising from historical changes.

- The village - coop chain suggests these gaps with different human actions in rural areas.

Âmbito II: Gestão e organização da cadeia aldeia-cooperativa

Nesta parte do estudo, uma das instituições sociais que emergiu da interação entre as pessoas é organizada e institucionalizada, criando emprego e estabilidade económica nas áreas rurais através da estrutura sistemática sob o nome de aldeia - cadeia de cooperativas através da participação de todos os aldeões na forma de gestão através da assembleia geral da aldeia como o mais alto poder de tomada de decisões e depois o corpo de decisores incluindo o conselho da aldeia, conselho de administração, inspectores e depois gestores eleitos que emergiram na forma organizada guiados pelo planeamento.Para este fim, os organogramas operacionais e organizacionais são concebidos para mostrar as capacidades das cooperativas de aldeia e nada mais, o caminho do progresso e do desenvolvimento será possível através da educação para a gestão através da institucionalização da cadeia de cooperativas de aldeia e, nesta perspetiva, um rendimento per capita real será aumentado através da participação, da concorrência na produção, da eficiência da produção e, finalmente, da criação de cooperação e investimento na indústria e na agricultura.

Cooperative management

- Taking advantage of cooperative management is to help the rural economy and create sustainable employment , one of the social institutions which is emerged from people interaction means cooperation is organized and institutionalized.

Hence ⬇

- By management formation through the institutionalization of village-coop chain and from this perspective , a reality capita income will be increased by participation , competition in the production, production efficiency, and ultimately establishing cooperation and investment in industry and agriculture.

Eixo III: Prevenir a migração através da ligação em rede das cidades

O papel da cadeia de cooperativas de aldeia está relacionado com a prevenção da emigração dos aldeões e com a criação de relações desejáveis com as cidades. Em primeiro lugar, analisamos o debate sobre a população, que é um dos factores de pobreza, antes de analisarmos o debate sobre a imigração, porque o rendimento familiar per capita é reduzido pelo crescimento da população, enquanto o rendimento permanece constante. Quando estes recursos (terra, água, capital) são limitados, a terra e as instalações tornam-se mais pequenas e levam a criar as condições para a migração a longo prazo. Assim, as três forças da educação, capital e trabalho, se organizadas, podem tornar-se um fator importante para a transferência de tecnologia no campo, especialmente no domínio das indústrias alternativas.

Se o crescimento da população nas aldeias for causado por mão de obra não qualificada, isso conduz à pobreza e ao aumento da migração. As estatísticas no Irão indicam que, nas quatro décadas entre 1335 e 1345, três milhões de pessoas por ano foram forçadas a migrar.

Entre 1365 e 1375, apenas 3,1 milhões de pessoas se juntaram à população rural e, devido à migração para as cidades, a proporção da população rural desceu de 69% em 1335 para 38% em 1375. Os números mostram que a introdução de uma cadeia de cooperativas de aldeia é inevitável. O êxodo rural será evitado com o estabelecimento de uma cadeia de cooperativas de aldeia, uma vez que a criação de empregos e a proteção da população rural ativa aumentarão o nível de rendimento no campo através da cooperação e da participação na economia rural6.

Preventing from migration

- The population debate that is one of the poverty factors before addressing the immigration debate, because per capita family income is reduced by population growth with an unchanged income that if such resources (land, water _ capital) be limited , the ground and facilities will be got smaller and will lead to provide the conditions of migration in the long time.

Hence ⬇

- Three forces of education, capital, and labor , if organized , could be changed to an important factor for the transfer of technology to the countryside, particularly in the field of alternant industries.

- If the population growth in village was created by non-skilled labor , would lead to poverty and more severe migration.

Âmbito IV: Comunicação e promoção cultural

O planeamento de estratégias para usar a visão cultural cooperativa é promover a aldeia cultural, começamos a discussão passando a cultura como antropologia.De facto, a cultura geral do estilo de vida das pessoas ou os seus padrões de comportamento e pensamento é um ambiente que faz com que as pessoas contra o ambiente natural, naturalmente regiões geográficas do mundo, as características culturais estão envolvidas por causa da diferença de tempo entre alguns desenvolvimentos tecnológicos e mudanças resultantes de diferenças na cultura.No quarto eixo, a chegada da visão de cooperação derivada de valores sociais pode ser afirmada como comportamento ético e práticas que podem levar a direitos civis.Portanto, para ser sociável e guiá-los através do pensamento cooperativocausar a noção de que a dinâmica social é emanada a partir dele e, portanto, a interação de grupo e os esforços humanos para alcançar um objetivo comum na promoção do nível cultural da aldeia. A perceção intelectual que surge com a entrada da cultura cooperativa na comunidade rural leva a interacções sociais que resultam num comportamento coletivo unificado que abre caminho ao desenvolvimento sustentável através

da cadeia cooperativa da aldeia

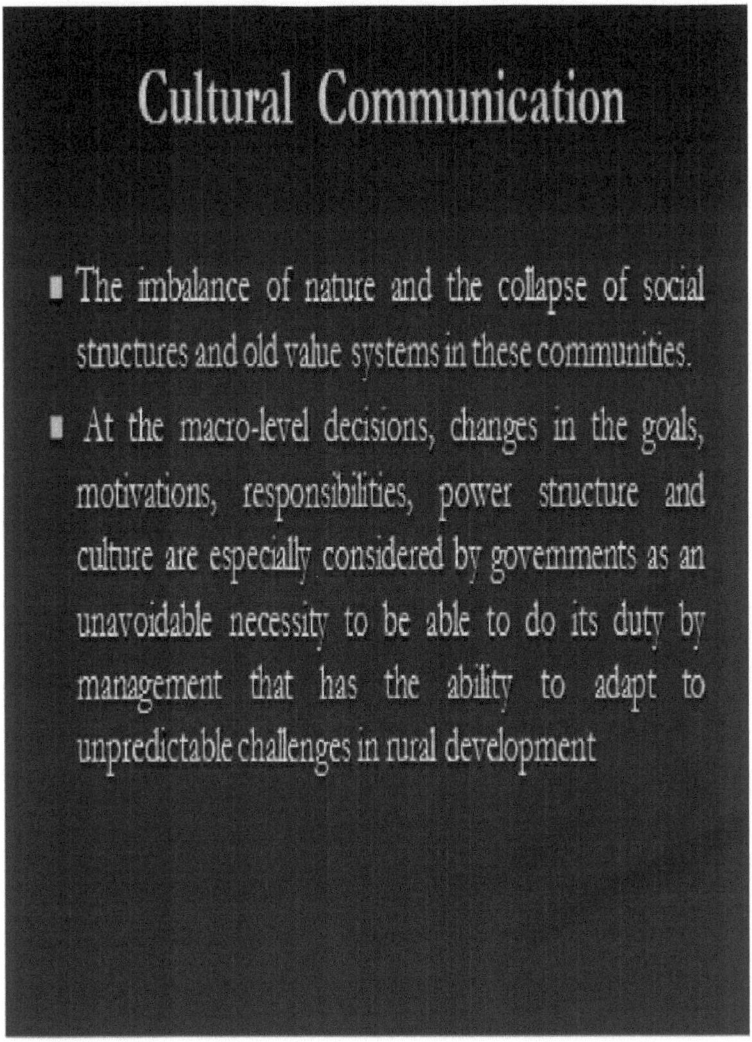

Cultural Communication

- The imbalance of nature and the collapse of social structures and old value systems in these communities.

- At the macro-level decisions, changes in the goals, motivations, responsibilities, power structure and culture are especially considered by governments as an unavoidable necessity to be able to do its duty by management that has the ability to adapt to unpredictable challenges in rural development

Hence

- Culture has directed the cooperation with the behaviors of the villagers in the form of production management and income management to prevent from the most devastating issues which are poverty and migration.

Prioridade V: Realização da cadeia aldeia-cooperativa e melhoria dos rendimentos rurais

A classificação do rendimento das aldeias iranianas em grupos de rendimento razoável, médio, pobre e muito pobre, examinando a amostra em grupos de rendimento, mostra que 22%, 38%, 26% e 14% das aldeias se encontram no grupo muito pobre, no grupo pobre, no grupo de rendimento médio e no grupo de rendimento razoável, respetivamente.

Por outro lado, outros estudos estatísticos (Centro de Investigação e Assuntos Rurais, com o número aprovado 0810200000 05- -77) indicam que o rendimento per capita desempenha um papel importante na extração de recursos e, consequentemente, no crescimento e desenvolvimento sustentáveis das zonas rurais. Por exemplo, das 11.748 aldeias, ou seja, 26% do total de 45085 aldeias do plano estatístico, 5,8% da população está em piores condições porque é muito pobre em termos de rendimento e tem 25% das instalações, ao passo que 7918 ou 5,4% das aldeias com 10% da população estão em melhores condições porque têm um rendimento decente e 100% das instalações. Os resultados sugerem que, de acordo com as estatísticas disponíveis sobre a situação do rendimento rural e das relações económicas, com o reforço adequado do desenvolvimento rural elegível, é possível ter um impacto positivo na cooperação com as cidades. Isto significa que o crescimento dos rendimentos rurais conduzirá a impactos positivos nas cidades.

Rural incomes

- A reality capita income will be increased by participation , competition in the production, production efficiency, and ultimately establishing cooperation and investment in industry and agriculture.

Hence ↓

- The positive effects by coop-chain in cities can be gained according to available statistics on the status of rural incomes and economic relations with appropriate strengthening of eligible rural development .

- This means that the growth of rural income will lead to positive effects on cities.

Prioridade VI: Promoção de investimentos materiais e humanos através da criação de uma cadeia de cooperativas de aldeia

A expansão do investimento e dos recursos humanos para a utilização óptima dos recursos naturais são estudos sobre o desenvolvimento das comunidades rurais sob a forma de cooperativas de aldeias, yduts eht nI. O autor, devido à sua experiência operacional de três décadas no domínio do desenvolvimento das aldeias, considera que o melhor quadro de investigação sobre a viabilidade do potencial disponível nas aldeias é apresentar projectos que foram realizados em alguns países asiáticos pela Organização para a Cooperação e Desenvolvimento Económico da OCDE numa série de estudos de desenvolvimento.

O número de pessoas que vivem em zonas rurais, especialmente nos países em desenvolvimento mais pobres, é uma das questões mais importantes. Naturalmente, o desenvolvimento rural é um dos instrumentos de gestão mais importantes sob a forma de sistemas de informação para a seleção e execução de projectos, planos e medidas de desenvolvimento rural. A presença de infra-estruturas, incluindo estradas pavimentadas ou asfaltadas, é um dos factores de investimento nas aldeias. 41% ou 18.485 aldeias das 45.085 aldeias classificadas têm estradas pavimentadas ou asfaltadas, a maioria das quais em aldeias com 100 a 200 famílias, 44% ou 19740 aldeias têm água canalizada, 23.000 aldeias têm eletricidade e 12.106 ou 27% das aldeias têm centros de saúde (inquérito estatístico).

Se olharmos para as estatísticas acima, podemos ver as realidades de desenvolvimento na aldeia. O autor acredita que a informação sistemática pode ser gerida através dos decisores políticos da cadeia de cooperativas da aldeia na implementação de projectos de desenvolvimento, utilizando a informação na gestão de projectos rurais e assegurando a informação correcta. Um excelente exemplo das estatísticas actuais é aproveitar as vantagens das aldeias com elevado potencial de investimento e criar um modelo para competir com outras aldeias, incluindo os resultados da cadeia de cooperativas da aldeia.

Development of Investment

- Expanding investment and human resources for optimal use of natural resources are studies to development rural communities in the form of village-coop.

- Rural development is one of the most important managerial tools in the form of information systems to select and implement projects, plans and rural development policies.

Hence

- Systematic information can be managed through village -coop chain politicians in the implementation of developmental projects by using information while managing rural projects and ensuring the right information .

- An excellent example of present statistics is to take advantage of villages with high potential of investment and create a model to compete with other villages including the results of village - coop chain.

Prioridade VII: Promover a segurança psicológica da população rural através da criação de cooperativas de aldeia

Para iniciar este debate com uma visão geral das diferenças entre as pessoas rurais e urbanas em termos de atitudes e comportamentos, dialeto ou sotaque, começamos por analisar as diferenças actuais entre a população rural, a densidade populacional, a língua, as crenças, a moral, as tradições e os padrões de comportamento das pessoas urbanas. Uma das descobertas mais importantes na sociologia dos aldeões foi a utilização do termo migração devido à falta de mobilidade social dos habitantes. Assim, foi decidido estabelecer uma cadeia de cooperativas de aldeia para criar um espírito de cooperação e evitar a migração irregular dos habitantes.

Isto deve-se ao facto de serem os próprios habitantes a decidir se migram de uma região geográfica para outra e, após algum tempo, a migração das aldeias para as cidades é substituída pela migração das cidades para as aldeias. A forte base demográfica foi gradualmente formada através do reforço dos serviços públicos e das instituições educativas da cadeia de cooperativas de aldeia tnemeganamin desenvolvimento económico rural.Por outro lado, o fosso entre os estilos de vida urbano e rural foi alargado devido ao rápido aumento das comunicações, à rápida saída das zonas rurais do modo socialmente isolado e a muitas outras razões, também o fosso é causado pelo rápido desenvolvimento da tecnologia e da segurança psicológica através da gestão da cadeia de cooperativas de aldeia larutluc e da transformação social, que ocorrem como resultado do estabelecimento da própria cadeia de cooperativas de aldeia, isto pode ser

Psychological of rural

- The impact of village-coop chain on villagers is psychological security of rural residents .

- villagers sociology was to take advantage of the term migration because of the lack of social mobility between residents.

Hence

Villagers dynamics with village-coop chain magement
result in their occupational mobility .
Strong demographic fundamentals were gradually
formed by strengthening public services and
educational facilities of village-coop
chain managementin rural economic development.

Prioridade VIII: Promover a saúde ambiental nas aldeias

O impacto da cadeia de cooperativas de aldeia na saúde ambiental das aldeias consiste em chamar a atenção para o ambiente e a preservação do capital natural.

As estatísticas disponíveis mostram que a duplicação da população do país e o aumento da urbanização de 47% em 1355 para 61% em 1375 (inquérito estatístico) em menos de três décadas são uma boa desculpa para responder rapidamente à poluição. As estatísticas mostram que o número de animais nas pastagens triplicou, a extração de madeira das florestas, a erosão dos solos e o consumo de águas subterrâneas aumentaram 5,1 vezes, 5,2 vezes e 2 vezes, respetivamente. Além disso, 30% do total dos recursos terrestres foram destruídos pela desertificação, 33% da área florestal e 28% das pastagens e muitos outros factores prejudiciais ao ambiente, como os resíduos industriais, abrem uma nova perspetiva sobre a saúde ambiental da aldeia. Os peritos ambientais em desenvolvimento urbano e rural consideram que o desenvolvimento rural não deve ser desadaptado e incompatível com o ecossistema, uma vez que o investimento não pode ser eficaz e sustentável sem ter em conta os aspectos ambientais.

A saúde ambiental das aldeias é assegurada através da criação de uma cadeia de cooperativas de aldeia, que se centra na proteção dos recursos e na otimização através da educação cultural em matéria de proteção do ambiente rural.

Environmental rural

Attention to the environment and the maintenance of natural capital. Environmental experts of urban and rural development believe that rural development should not be maladaptive and inconsistent with the ecosystem because investment could not be effective and sustainable without environmental considerations.

Hence ⬇

- The environmental health of villages guarantied by establishment of village-coop chain magement and in the long time.

- It will be effective in protection of resources and optimization based on cultural education in rural environmental protection.

Conclusão

Para dar um passo corajoso no sentido do desenvolvimento rural sustentável e da redução da pobreza, é necessário identificar com precisão os factores que contribuem para as estruturas rurais existentes. Naturalmente, a mudança deve primeiro ocorrer nos **"olhos de quem vê"** - a população rural - e depois ocorrer espontaneamente num contexto coletivo. As abordagens estratégicas de extensão adoptadas pela VillageCoop incluem o planeamento participativo, os sistemas integrados com enfoque nos aspectos morais e humanos, a extensão multimédia e as abordagens de resolução de problemas, todas informadas por uma compreensão centrada nas partes interessadas.

A Village-Coop tem por objetivo colmatar o fosso entre as condições de vida nas zonas rurais, realçando os aspectos cruciais da vida rural através de estratégias participativas.

Uma proposta para a dinâmica do projeto Village Coop e os desafios das alterações climáticas

1. Desenvolvimento da cadeia aldeia-cooperativa na via da promoção dos recursos e da eficiência.
2. Reforçar uma cultura de desenvolvimento sustentável
3. A importância da preservação dos ecossistemas e da biodiversidade através da promoção de uma gestão sustentável das florestas e de uma agricultura respeitadora do clima
4. Proteger a população dos riscos de catástrofes naturais associadas às alterações climáticas
5. Empenho na introdução de fontes de energia verdes e renováveis

Referências

[st]- Autor: 1 International Conference On Cooperative Social, Economic and Cultural Capabilities /presented paper Village- Chain on April 16-17 ,2011/ University Tehran.

1 . Estruturação da organização social / Um cluster rural: o caso de La Pocatiere, QuebequeO sistema local de inovação de La Pocatiere segue um percurso de desenvolvimento original e notável. Ao contrário de muitos sistemas locais de inovação em áreas com uma longa tradição industrial, La Pocatiere não tem um pasPier Carlo Padoan, Economista-Chefe e Secretário-Geral Adjunto da OCDE 31/01/2012.

2 Cervantes-Godoy, D. e J. Dewbre (2010), "Economic Importance of Agriculture for Poverty Reduction", OCDE/Correcções às publicações da OCDE podem ser consultadas em linha em: *www.oecd.org/publishing/corrigenda.*
© OECD/FAO 2008.

3 Professor Gunnar Myrdal, vencedor do Prémio Nobel da Economia em 1974
e o autor de "Asian Drama, An Inquiry Into The Poverty of Nations".

4 . Fredrick O. Wanyama ,Co-operatives and the Sustainable Development Goals: A Contribution to Post-2015 Development
Debate - Genebra: OIT, 2014.

5 Desenvolvimento sustentável: uma análise crítica /

Sharachchandara M.LELE/vol.19,NO,6.pp,607-621.

6. ORGANIZAÇÃO PARA A COOPERAÇÃO E O DESENVOLVIMENTO ECONÓMICO Paris 1994 (Um tipo de administração rural) OCDE/GD(94)49/.

7. Poder e pobreza. Reduzir a desigualdade de género: através do emprego rural? Sabi BieriCentro Interdisciplinar de Estudos de Género, Suíça Annemarie Sancar Agência Suíça de Desenvolvimento, Suíça . Documento apresentado no Workshop FAO-IFAD-ILO sobre lacunas, tendências e investigação atual sobre as dimensões de género na agricultura e no meio rural Imployment: differentiated pathways out of poverty Roma, 31 de março - 2 de abril de 2009 .

8. Professor Bruno JEANCanada Research Chair on rural developmentUniversite du Quebec a Rimouski (UQAR),CanadaOECD Conference, KrasnoyarskRussia),October3-5,2012.Science for Environmental Sustainability,There is a need for aninnovative, circular economy where nothing is wasted and where naturalresources are managed sustainably, and biodiversity is protected. Ano de publicação: 2016 Editor: Centro Comum de Investigação da Comissão Europeia.

9. Desenvolvimento sustentável da economia rural por Sandor Magda, Robert Magda e Sandor Marselek / Colégio Karoly Robert , Gyongyos, Hungria, março de 2016.

10. Agricultura sustentável Um novo paradigma para a investigação e o desenvolvimento na agricultura e na
Desenvolvimento agrícola baseado no conhecimento , por Livro de :
SeyedMahmoodHosseini , Prof. de Consultoria e Desenvolvimento Agrícola /
Universidade de Teerão e Mohammad Sharif Sharifzadeh, Professor Associado em
Aconselhamento e educação agrícola / Universidade de Gorgan .

Índice

Printed by Books on Demand GmbH, Norderstedt / Germany